सपनों का शोर

प्रेरणा से सजा हिंदी कविताओं का सफर

रविन्द्र कुमार यादव

मैं यह पुस्तक अपनी माँ श्रीमती मुन्नी देवी एवं मेरे पूज्य पिता श्री. रामानंद यादव जो की भारतीय सेना के पूर्व सैनिक हैं को समर्पित करना चाहता हूँ! मैंने उनसे जीवन और नेतृत्व का सर्वोत्तम सबक सीखा है! मैं उनसे प्यार करता हूं और उन्हें गर्व महसूस कराने के लिए हमेशा अपना सर्वश्रेष्ठ प्रयास करता रहूंगा!

मेरे नाना जी श्री दीना राम यादव को विशेष धन्यवाद, जिन्होंने बचपन से ही मेरे मन में कहानियों, कविताओं और अध्यात्म का बीजारोपण किया! वह मेरे असली गुरु हैं और मैं उनसे सबसे ज्यादा प्यार करता हूं! मुझे लगता है कि मैं दुनिया के सबसे महान और सबसे प्यारे नाना नानी पाकर बहुत भाग्यशाली हूं! वे मुझे इस दुनिया में किसी से भी अधिक प्यार करते हैं!

जय हिन्द!

क्रम-सूची

क्रम-सूची

प्रस्तावना

मेरा नाम रविन्द्र कुमार यादव है, और पिछले 12 वर्षों से मैंने कॉर्पोरेट जगत में वित्त और लेखा पेशेवर के रूप में काम किया है! विभिन्न संगठनों के साथ वर्षों का अनुभव प्राप्त करने और अपने वास्तविक उद्देश्य की खोज करने के बाद, आखिरकार मुझे अपना असली जुनून मिल गया है - जो मुझे पूर्णता और खुशी देता है!

मुझे यकीन है कि आप इसका अनुमान लगा सकते हैं! हां, आप सही हैं - लिखना, दूसरों को उनके जीवन को बदलने में मदद करना, और मैं जो कुछ भी करता हूं उसमें रचनात्मकता को अपनाना! अपनी सच्ची मिशन और दृष्टिकोण को खोजने की खोज में, मैंने नौकरियाँ बदल दीं, विभिन्न भूमिकाएँ तलाशीं और अकादमिक पाठ्यक्रम अपनाए। लेकिन यह कोचिंग के माध्यम से था कि मुझे वास्तव में अपने जीवन का उद्देश्य मिल गया!

एक लेखक के रूप में, मैंने दो पुस्तकें प्रकाशित की हैं:

"लीड योर लाइफ एंड गो फियरलेस" और "लेट योर चाइल्ड ड्रीम एंड फ्लाई।"

"Lead Your Life & Go Fearless" and *"Let Your Child Dream & Fly."*

मेरा मिशन कोचिंग और लेखन के माध्यम से जीवन बदलने में मदद करना है।

मेरा लक्ष्य लोगों को यह समझने में मदद करना है:

- उद्देश्य के साथ अपना जीवन कैसे व्यतीत करें
- उनके नेतृत्व कौशल को कैसे निखारा जाए
- उनके सपनों का पीछा कैसे करें और उन्हें हकीकत में कैसे बदलें
- अपनी शर्तों पर सफलता कैसे प्राप्त करें
- खुश और संतुष्ट कैसे रहें
- अपने करियर के बारे में जानकारीपूर्ण निर्णय कैसे लें

कोचिंग और लेखन के माध्यम से, मेरा लक्ष्य व्यक्तियों को अपनी पसंद का जीवन जीने और आत्मविश्वास के साथ जीने के लिए सशक्त बनाना है!

जय हिन्द!

भूमिका

इस पुस्तक के माध्यम से, मैं एक बच्चे, नागरिक, छात्र, पेशेवर, कोच और लेखक के दृष्टिकोण से अपने विचारों, अनुभवों और भावनाओं को साझा करना चाहता हूं!

लिखना हमेशा से मेरा जुनून रहा है, और इस कार्य के माध्यम से, मैं समाज की भलाई में योगदान करना चाहता हूं। मेरा उद्देश्य छात्रों, पेशेवरों और उन सभी को प्रेरित और सशक्त करना है जो अपने जीवन में अटके हुए महसूस करते हैं, ताकि वे अपनी क्षमता को पहचानें और महानता हासिल करें। यकीन मानिए, अगर मैं चुनौतियों को पार करके सफल हो सकता हूं, तो इस दुनिया में कोई भी ऐसा कर सकता है!

मैं भी आपकी तरह एक साधारण व्यक्ति हूं, जो एक मध्यमवर्गीय परिवार से ताल्लुक रखता हूं, जिसका गर्वित इतिहास भारतीय रक्षा बलों में सेवा करने का है! मेरे दादाजी, पिता और चाचा ने सभी ने देश के प्रति अपना जीवन समर्पित किया है, और मैं खुद को बेहद भाग्यशाली मानता हूं कि मैं ऐसे सम्मानित और प्रेरणादायक परिवार में जन्मा!

मेरे माता-पिता ने हमारे परिवार के लिए अपने जीवन में अनगिनत बलिदान दिए हैं,

और आज मैं जो कुछ भी हूं, वह उनकी अटूट समर्पण और निस्वार्थता का परिणाम है।

इस पुस्तक में, आपको प्रेरणादायक और मोटिवेशनल कविताओं का संग्रह मिलेगा, जिसे मैंने पिछले दस वर्षों में लिखा है। मेरी लेखन यात्रा 2014 में शुरू हुई थी, और इन रचनाओं को अब आपके साथ साझा करने का मुझे अपार आनंद हो रहा है! मुझे पूरा विश्वास है कि ये कविताएँ आपके दिल को छूएंगी और जितनी प्रेरणा मुझे इन्हें लिखते समय मिली, उतनी ही प्रेरणा आपको इन्हें पढ़ने में मिलेगी!

इस कविता संग्रह में मेरी आत्मा के उन कोनों का प्रतिबिंब है, जो जीवन के अनुभवों से सजे हैं। यह कविताएँ केवल शब्द नहीं, मेरी भावनाओं

और विचारों की अभिव्यक्ति हैं। इस पुस्तक को लिखने का उद्देश्य अपने विचारों और भावनाओं को आपसे साझा करना है! मैं आशा करता हूँ कि इस संग्रह को पढ़ते हुए आप अपने जीवन से जुड़ी कुछ भावनाओं और अनुभवों को महसूस कर पाएंगे! आप सभी का समर्थन और प्रेम ही मेरी सबसे बड़ी प्रेरणा है!

जय हिन्द!

पावती (स्वीकृति)

मेरे बचपन के दिनों में, मैंने अपने प्रिय नानाजी, श्री दीना राम यादव के साथ अनगिनत घंटे बिताए! हर दिन, वे मुझे अद्भुत कहानियाँ सुनाते थे कविताएँ, प्राचीन राजाओं की कहानियाँ, और ऐतिहासिक घटनाओं की गाथाएँ! उनकी कहानियाँ इतनी जीवंत और मोहक होती थीं कि मैं उनकी बताई दुनियाओं में खो जाता था, कल्पना करता और हर पल का आनंद लेता था! हालाँकि वे एक अद्भुत कहानीकार थे, दुर्भाग्यवश उन्हें औपचारिक शिक्षा प्राप्त करने का अवसर नहीं मिला। मैं अक्सर सोचता हूँ कि यदि उन्हें बचपन में पढ़ाई का मौका मिला होता, तो वे कितने लोकप्रिय और सफल हो सकते थे!

अनजाने में, उनके प्रभाव ने मुझमें महान योद्धाओं, नेताओं, राजाओं और सफल व्यक्तियों की जीवनियाँ पढ़ने की गहरी रुचि विकसित कर दी! उनसे मैंने कल्पना की कला और जीवन में बड़े सपने देखने की क्षमता भी विरासत में पाई! मैं उनका बहुत सम्मान करता हूँ, और मेरी जो भी क्षमता है महानता की कल्पना करने की, वह सब उन्हीं की वजह से है। वे मेरे जीवन में एक स्थायी प्रेरणा हैं, और मैं उनके द्वारा किए गए गहरे प्रभाव को बहुत संजोता हूँ!

जय हिन्द!

1. मेरा वजूद, मेरा बचपन

वो बचपन की सुबह, वो बचपन की शरारतें,
वो बचपन की पाठशाला, वो बचपन की किताबें,
न जाने किन पन्नों की होड़ में खो गया वो बचपन,
बहुत याद आता है वो बचपन!
वो पापा की फटकार, वो मां का प्यार,
वो छोटी प्यारी यादों का नन्ना सा हार,
ना जाने किन कांटों में गुम हो गया वो बचपन,
बहुत याद आता है वो बचपन!
वो नंगे पांव सड़कों पर दौड़ना, वो गलियों में गिल्ली डंडा खेलना,
वो जोरों से चिल्लाकर हर खुशी मनाना,
न जाने कौन से सन्नाटे में गुम हो गया वो बचपन,
बहुत याद आता है वो बचपन!
लगता है कहानी वाले फरिश्ते के पास चला गया वो मेरा बचपन,
कोई तो बता दे उसे, बहुत याद करता हूं तुझे मेरे बचपन !
जय हिन्द!

2. चाँद का टुकड़ा

मैं अक्सर सुनता आया हूं चांद को,

उसकी खूबसूरती को,

उसके शांत स्वभाव को कहानियों में!

मां की लोरियां में तो चांद मामा हुआ करता था,

बचपन में तो सपनों का हमसफर हुआ करता था ,

उम्र के पड़ाव में सब कुछ बदला बदला सा है,

पर सदियों से चांद हमारा मामा जिंदा है!

कल पूरा चांद निकला था,

मैंने उसे देखा एक परी के कहने पर,

आज अंदाज निराला था उसका,

दिल को छू गया, चांदनी थोड़ी सी छोड़ गया!

कह गया मुझसे ए मेरे सपनों के हमसफर

आज आया तू मिलने कई सालों में,

कहां खो गया था तू इस मतलबी दुनिया के ख्यालों में,

मैंने कहा मैं व्यस्त था,

कुछ अपनों के सपनों को पूरा करने में,

वह मुस्कुराया और बोला कभी अपना भी तो सोचा कर!

मैंने कहा यह जो मुलाकात है तुझसे,

इतना ही काफी है मुझे जीने और खुश रहने के लिए,

अगर मैं भी मतलबी हो जाऊं इस दुनिया के जैसे,

तो डरता हूं कहीं खो ना दूं तुम्हें!

तू तो जिंदा रहेगा क्योंकि तू अमर है,

लेकिन कहीं मैं जिंदा होकर भी मर ना जाऊं

इसलिए मैं सोचता हूं अपनों के लिए!

रविन्द्र कुमार यादव

तू भी तो बांटता है अपनी चांदनी को सबसे
बिना सोचे अपने लिए,
यह सुनकर वह चांद चमचमया,
खिलखिलाया, मुस्कुराया
और बोला तभी तो तू मेरा सुपुत्र कहलाया!
जय हिन्द!

3. जीवन की भागा दौड़

जाने इस भागा दौड़ में, कुछ बनने और कुछ पाने की होड़ में,

लोग अक्सर खो जाते हैं, इस दुनिया की भागदौड़ में!

हमने वर्षों की भागा दौड़ से माना बहुत कुछ पाया है,

मोटर, गाड़ी, घर और बैंक बैलेंस बढ़ाया है,

पर इस भागा दौड़ में क्या हमने कभी हिसाब लगाया है?

सब कुछ पाने की होड़ में हमने क्या कुछ गवाया है?

वो कहां गए अलगाव, वो कहां गए पुराने खेल,

वो कहां गए पुराने दोस्त जिनके संग हमने अपना सबसे अच्छा

वक्त बिताया है!

आओ करें प्रण हम सब मिलकर,

जो खोया है उसे फिर से हमें पाना है,

लेकिन जरा ध्यान से कहीं हम फिर से ना खो जाए,

कुछ पाने की होड़ में इस दुनिया की भागा दौड़ में!

जय हिन्द!

4. सूर्य पुत्र

सूर्य की पवित्र प्रज्वलित और आशा
से भरी किरणों से सारा जग रोजाना नहाता है!
इन किरणों से नहा कर सब कुछ
निर्मल और तरो ताजा हो जाता है!
ना जाने सूर्य ने कब से यह रोजाना
नियम से खुद को जगाने और सब को
जगाने का बीड़ा उठा रखा है,
पर हो कुछ भी पूरे नियम एवं
दृढ़ संकल्प से उसने अपना कर्तव्य निभाया है!
देखता हूं मैं जब - जब उसकी ओर
मानो वो मुझे भी सिखा रहा है कुछ कुछ नियम से,
कहता है वह अक्सर मुझसे,
कि तू क्यों डरता है दुनिया से,
क्यों डरता है तू चलने से,
गिरने से और गिरकर संभलने से!
वह कहता है मुझसे कर संकल्प तू भी,
हो जा मेरे जैसा फिर देख कैसे
यह डर भाग जाता है तेरे जीवन से,
यदि है कुछ करना जीवन में तुझे,
यदि संघर्ष नहीं चाहता तो बहुत ज्यादा करना
तो हो उठ खड़ा रोजाना नियम से,
मैं भी तो चलता हूं तपता हूं देने के लिए जग को
नई उम्मीदें और नया जीवन रोजाना नियम से!
कर शपथ कुछ ऐसा करने के लिए जीवन में,

जिससे हो कल्याण सबका तेरे जीने से रोजाना नियम से,
जब भी तुझे डर लगे, अपने को तू अकेला समझे,
आ जाया कर मुझसे मिलने को, मैं तो हूं सदा तेरी रक्षा के लिए!
तू है रवि इसीलिए कहलाया क्योंकि
तुझे करना है जीवन में कुछ दूजों के लिए नियम से,
उठ खड़ा रोजाना नियम से और
कर कुछ अच्छे सच्चे कर्म दुसरो के हित में नियम से!
तू है सूर्य पुत्र तुझे नहीं होना भयभीत जीवन में किसी के होने या
ना होने से,
मैं भी तो हूं अकेले सदियों से उठता हूं रोजाना अकेले नियम से!
जय हिन्द!

5. रख हौसले बुलंद

चाहे पैरो मे चपल ना हो हाथ मे किताब होनी चाहिये,
चाहे जेब मे पैसे ना हो हौसले बुलंद होने चाहिए!
चाहे किसी का जीवन मे साथ ना हो,
ख़ुद पर मुक़म्मल विश्वास होना चाहिएं!
चाहे गिरे तुम पर मुसीबत का पहाड़,
होसलो का परचम बुलंद रहना चाहिए!
ओर यदि है तुम्हारे सर पर आशीष तुम्हारे माँ बाप का,
तो सारे जग की मुसीबतों से लड़ने का जिगर होना चाहिए!
जय हिन्द!

6. जिंदगी का मकसद

जिंदगी मे आए हो तो ऐसे आओ की जाना बाकी ना रहे,
ओर जिंदगी से जाओ तो ऐसे जाओ की वापस आना बाकी ना रहे!
आकर यदि यूही चले गये, ओर ज़िंदगी पाकर भी ख़ाली हाथ रह
गये,
तो फिर क्यों आये थे, अपने ख़ातो का हिसाब किताब क्यू लाए थे!
किसी ने बहुत दुआए माँगी थी तब जाके तुम इस दुनिया मे आये
थे,
बिना समझे बिना जाने व्यर्थ ना करो इस जीवन को,
वरना सोचते रह जाओगे की हमारे हिस्से मे ही इतने दुख क्यों
आये थे!
सोचना ज़रूर!!
जय हिन्द!

7. बेटे की प्रतिभा

उमर के उस पड़ाव पर मैं एकदम जोशिला फुर्तीला सा रहता था,
काम हो कोई भी मैं आगे बढ़-चढ़कर हिस्सा उसमे लिया करता
था!
मैं अपनी माँ के दिल का टुकड़ा था, गलती हो कोई भी मुझसे
प्यार माँ का ना कभी कम पड़ता था!
मैं राजा बेटा था अपने पापा का, उनसे ना कभी झगड़ता था,
चाहिए हो मुझे कुछ भी, मैं फट से उनसे मांगा करता था!
ये जो मेरी आदत थी सबसे मिल-जुलकर रहने की,
सबसे मिलकर हमेशा खुश- खुश रहने की,
इस पर सबसे ज्यादा मेरे नाना-नानी को
नाज था, वो कहते थे ये प्रतिभा है तेरी उच्च स्तर की,
यूं खुश-खुश रहने की और सबसे मिल-जुलकर रहने की!
ये जो प्यार-दुलार मैने बाटना सीखा था अन से ही,
आज मैं जो कुछ भी हूँ, श्रेय उन्हें को जाता है!
मैं जब भी सोचता हूँ इस बारे में, उमर के उस पड़ाव के बारे में,
मैं फिर से उसी जोश और जूनून से भर जाता हूँ!
काम हो कोई भी मैं आगे बढ़-चढ़कर आगे आता हूँ!
जय हिन्द!

8. अजनबी शहर

शहर-शहर घुमा मैं, कुछ जाने पहचाने कुछ अनजाने,
कुछ मन को भाए, कुछ ना मुझको रास आए!
कही लगता है रिशता है इन शहरो का मुझसे,
जाने क्यू ये मेरे हिस्से आये!
शहर - शहर की बात अलग, लोग और माहोल अलग,
खान- पान अलग, बोली- भाषा, पहनावा अलग,
अलग है हर शहर की खुशबु,
लेकिन आखिर यहीं तो है भारत की परिभाषा मगर!
इन शहरों में कुछ अपने भी बसते है,
मिलकर उनसे आनंद का अंदाजा नही,
और दिल का कोई बंद दरवाजा नहीं!
बाटी खुशियाँ और दुख मिलकर,
वक़्त का कोई अंदाज़ा नहीं,
जाने फिर कब मिले, जीवन का कोई ठिकाना नहीं!
ये अजनबी शहर भी अपना-अपना सा लगता है,
कुछ अपनों के यहाँ होने का एहसास सा लगता है!
शहर-शहर घुमा मैं, कुछ जाने पहचाने कुछ अनजाने,
कुछ मन को भाए, कुछ ना मुझको रास आए!
जय हिन्द!

9. मशीन और मजदूर

एक दौर था जब नारे लगा करते थे,

जय जवान- जय किशान के,

एक दौर था जब हुआ देश पर लोग कुर्बान थे,

एक दौर था जब मिलते दिलो से दिलो के सुर- ताल थे!

आज बदला है दौर यहाँ,

आदमी कम और मशीनो का है ज्यादा दबदबा,

आज मैं भी कुछ काम से Factory (कारखाना) गया था,

मैंने आज देखा जैसे ये मशीने भी बतियाती है आपस में!

खट-पट खट-पट, बड़- बड़ बड़- बड़,

करके मानो ये भी हमें अपना दुखड़ा सुनाती है!

मैं अक्सर सोचता हूँ अगर ये भी बोल सकती,

यदी अभिमान और ताकत को ये भी तोल सकती,

तो जाने किन किन की हड्डीया ये रोज़ तोड़ देती!

मैने आज देखा कुछ मजदूर भी लगे रहते है

रस्सा कस्सी मे इन्के संग,

मशीन चोट उनको कई बार पहुँचा जाति है,

या शायद अपने दिल के दर्द का अहसास उनको करवा जाती है!

कुछ सीख वो चोट देकर भी हमको वो दे जाती है,

अनुशासन मे रहना और नियमों का पालन करना,

हमें फिर याद दिला जाती है!

मरम्मत मशीनो की भी है समय पर उतनि ही जरूरी,

जैसे भोजन समय पर है आपकी मजबूरी!

वो बेचारी तीनो शीफटो मे धड़ाधड़- धड़ाधड़

उत्पादन मे लगी रहती है,

और शिकायत इस बात की कभी ना करती है,
ना छुट्टियाँ, ना पेमेंट ओवरटाइम की मांगा करती है!
चौबिसो घंटे काम करके भी इनको होती नही
नसीब रोटी एक वक्त की
और हम कहते की बस केवल और
केवल हम मशीनो की तरह काम करते है।
ऐसा हम जब - जब कहते है मशीने बेचारी
वक़्त की मारी सुन कर रो देती है,
लावारिश सा वो खुद को समझती है!
मजदूर हर वक्त मशीनो से कही ना कही जुड़ा रहता है,
लेकिन कभी-कभी वो सुरक्षा (Safety) के कायदे कानून
भुला कर उनका दिल तोड़ देता है!
इसके बावजूद तुम देखो ईमानदारी इनकी,
हिसाब चुक्ता ये तुरंत कर देती है और अंग शरीर का
ये भंग कर देती है!
सीखना चाहे तो हम इनसे भी बोहुत कुछ सीख सकते है,
चलना चाहे तो इंकी तरह अनुशासन से
रोजाना हम भी चल सकते हैं!
बस ये बोल ही तो नहीं सकती,
वरना दिल तो शायद इनका भी होता है,
मन शायद कुछ कहने को इनका भी करता है!
जय हिन्द!

10. कुछ अपने ही बेईमान से लगते है

कुछ अपने ही बेईमान से लगते हैं,
बदले- बदले ईमान से लगते है।

जिन गलियों में शेखों से हुआ करते थे हालात मेरे,
उसी गली के ये दरबान से लगते हैं!
जो खुद की तक़दीर से वाकिफ नहीं है,
ये क्यो मेरी किस्मत पे मेहरबान से दिखते है!
जिन रास्तों पे घिस गयी मेरी पैरों की चप्पल,
उसके पत्थर भी कुछ अनजान से दिखते है!
जो दिल में सजाते है नफरतों की नुमाइश,
वो इस तरह मेरे कदरदान से दिखते हैं!
जिनसे मिली हमें गैरों में पहचान अपनों सी,
वो नेक इरादे भी शैतान से दिखते हैं!
कुछ अपने ही बेईमान से लगते हैं!
जय हिन्द!

11. उड़ने को मन मेरा भी करता है

जब देखता हूँ गगन को उड़ने को मन मेरा भी करता है,

उड़कर छूने को उसको मेरा मन भी कहता है!

जब देखता हूँ पक्षियो को तो उडारी भरने को मन मेरा भी करता

है,

डाल-डाल थिरकु मैं ऐसा मेरा मन भी कहता है!

जब देखता हूँ तारो को सुहानी रात में, बतियाने

को उनसे मन मेरा भी करता है,

उड़कर उनसे मिल आऊ, दुरिया कुछ कम कर जाऊ

ऐसा मेरा मन भी कहता है!

जब देखता हूँ पेड़ो को, सर- सर चलती हवाओं को, तो उनके संग

सरसराने को मन मेरा भी करता है,

उड़ जाऊ मैं भी हवा के संग मन मेरा भी कहता है!

जब देखता हूँ नदियों को मैं कल- कल करती बहते,

तो उनके संग बहने को मन मेरा भी करता है,

खो जाऊ मैं भी कहि उनके संग, ऐसा मेरा मन भी कहता है!

जब देखता हूँ पूर्वतो को मैं, तो उनकी तरह अटल बनने

को मन मेरा भी करता है,

हो जाऊ मस्त अपने कर्म में, ऐसा मेरा मन भी कहता है!

जब देखता हूँ सूर्य देव को रोजाना मैं,

तो वक्त का पाबंद बनु उनके जैसा मन मेरा भी करता है,

कर सकू भला किसी का, ऐसा मेरा मन भी कहता है!

रविन्द्र कुमार यादव

जब-जब देखता हूँ चाँद को, शितल चित हो जाऊ मैं भी उसके
जैसा
मन मेरा भी करता है,
दे सकू खुशियां सबको मैं, ऐसा मेरा मन भी कहता है!
जब देखता हूँ मैं, चिड़ियाँ को उड़ते और बुनते अपना
घोसला तो उसकी तरह मेहनत करने को मन मेरा भी करता है,
उड़कर देखू जग सारा ऐसा मेरा मन भी कहता है!
जब देखता हूँ गगन को उड़ने को मन मेरा भी करता है,
उड़कर छूने को उसको मेरा मन भी कहता है!
जय हिन्द!

12. होड़ लगी है कुछ पाने की

होड़ लगी है कुछ पाने की,
पर कुछ खोने का अहसास नहीं है।
भाग रहा हूँ उसके पीछे,
जो बिलकुल मेरे पास नही है,
एक दिन थक कर रुकना होगा,
इस अकड़ के आगे झुकना होगा!
देर से शायद एक दिन ये जानूंगा,
ये मुद्दा कोई खास नही!

दूसरो के लिए अर्पित सा लगता है,
मुझको जाने क्यो ये जीवन अपना!
कुछ तो है जो ठीक नही,
कोस रहा हूँ मैं मन ही मन खुद को और
फिर भी खुद से कह देता हूँ,
रवि ऐसी कोई बात नहीं!
भाग रहा हूँ उसके पीछे, जो कि बिलकुल
मेरे पास नहीं, जो मेरे बिलकुल मेरे बस की बात नहीं!
जय हिन्द!

13. जीवन रथ

जाने क्यो मैं हर काम टाल देता हूँ,
कभी कल और कभी पारसो पे डॉल देता हूँ!
ये जो हाल तेरा और मेरा है,
ना जाने कितनो का ऐसा डेरा है!
जाना है मुझे कही ओर लेकिन,
नाप रहा मैं रास्ता कोई ओर!
चलते - चलते मैं सब भूल जाता हूँ,
खाना - पिना छोड़ मैं बेसुध आगे यूँ ही बढ़ जाता हूँ !
हर रोज एक नई उम्मीद से उठता हूँ,
भाग दौड़ में जाने घड़ी से फिर भी हार जाता हूँ!
दिन हफ्ते और महीने जाने कब बित जाते हैं,
और पीछे केवल यादे छोड़ जाते हैं।
ये शायद दिन है संघर्ष के लेकिन सोचता हूँ
क्यो है ये दिन संघर्ष के!
माँ-बाप कि याद बोहत आती है,
फोन पर बात रोजाना हो जाती है,
लेकिन कमि उनकी बोहोत सताती हैं!
जाने ये जीवन रथ कहा ले जाएगा,
लेकिन अंत अपना अच्छा ही पाएगा!
मुझे हक है सब कुछ करने का,
पढ़ने का और लिखने का!
मैं, नाम एक दिन कर जाऊगा वापस
लौटकर घर मैं पक्का जाऊंगा,
और अपनी माँ को सबकुछ बतलाऊंगा!

ये जीवन रथ जो मेरा और तुम्हारा है,
रिशतो और नाता का पहईयाँ
इसका एकमात्र सहारा सहारा है!
तो चलो संभाले इस रथ को,
टाले ना कोई काम हम कल पे,
रक्खे ध्यान अपने जीवन रथ का,
और सफल बने जीवन सबका!
जय हिन्द!

14. आहिस्ता चल जिंदगी

आहिस्ता चल जिंदगी, अभी कई कर्ज चुकाना बाकी है,
कुछ दर्द मिटाना बाकी है, कुछ फर्ज निभाना बाकी है!
रफ़्तार में तेरे चलने से, कुछ रूठ गए कुछ छूट गए,
स्तों को मनाना बाकी है, रोतो को हसाना बाकी है!
कुछ रिश्ते बनकर छूट गए, कुछ जुड़ते - जुड़ते छूट गए,
उन टूटे- छूटे रिश्तों के, जख्मों को मिटाना बाकी है!
कुछ हसरतें अभी अधूरी हैं, कुछ काम और भी जरूरी है,
जीवन की उलझ पहेली को पूरा सुलझाना बाकी है!
जब साँसो, को थम जाना है, फिर क्या खोना- क्या पाना है,
पर मन के जिद्दी बच्चे को, यह बात बताना बाकी है
कुछ दर्द मिटाना बाकी है, कुछ फर्ज निभाना बाकी है!
जय हिन्द!

15. मां मैं लौट कर आऊंगा

माँ तू रो मत, मैं फिर लौट कर आऊंगा,
इस धरती की सेवा करने,
मैं फिर तेरा आँचल पाउँगा!
मर जाऊँ चाहे हर बार,
मैं कर्ज इस माटी का और तेरे दूध का
चुकाने को फिर लौट कर आऊंगा!
मुझे खो कर माँ तू दुखी मत हो,
ये सोच कि तेरा बेटा देश के कुछ काम आया,
जान गवा कर नही बल्की अपने माँ-बाप का
नाम ऊंचा कर आया!
माँ तू रो मत, मैं फिर लौट कर आऊंगा,
तेरे सारे सपने, अपने सारे फर्ज
अबकी बार निभाऊगा!
मैं इश्वर से तेरा ही आँचल माँगूगा,
तू इंतजार करना मैं बोहत जल्दी वापस लौटूगा!
माँ तू अपना ख्याल रखना,
बाबूजी को समभाल कर रखना,
अपना भरोसा टूटने मत देना!
मैं तेरा बेटा बनकर वापस
फिर लौट कर आऊंगा,
इस जनम में नही हर जनम
में मैं माँ तुझे ही पाऊंगा!
जय हिन्द!

16. वापसी का सफ़र (SUFFER)

जब मैं घर से निकला सफर के लिए, तो खिड़की बोली
बाहर का मौसम देख ले चलने से पहले माँ से पूछ ले!

छत पे लटका पंखा बोला थोड़ी हवा खा ले,
पापा के साथ थोड़ी बाते ओर कर ले!
दिवार पे लटका शिशा बोला अपने अंदर झांक ले,
अपनी बहना को थोड़ी देर ओर सुन ले!
अलमारी में रखे नए कपड़े बोले हमें पहन चलो,
शहर नही तो गाँव ही ले चलो!
कोने में रखी छत्री बोली मुझे भी ले चलो,
बारीश नही तो धुप मे ही ले चलो!
जुते बोले एक बार फिर सोच लो,
चलने से पहले अपने दिल से फिर पूछ लो!
तभी अचानक हाथ पर बंधी घड़ी बोली,
अब निकल पड़ो, शाम वाली गाड़ी से चलो!
माँ-बाप का आर्शिवाद और दुआएँ लेकर
सफर पे निकलने का वक्त आया,
मैं अपनों को आज फिर घर अकेला छोड़ आया!
जय हिन्द!

17. मेरा घर- मेरा बैग

घर जाता हूँ तो मेरा ही बैग मुझे चिढ़ाता है,

महमान हूँ अब ये पल-पल मुझे बताता है!

माँ कहती है, सामान बैग में फौरन डालो,

हर बार तुम्हारा कुछ ना कुछ छुट जाता है!

घर पंहुचने से पहले ही लौटने की टिकट,

वक़्त परिंदे सा उड़ता जाता है!

उंगलियो पे लेकर जाता हूँ गिनती के दिन,

फिसलते हुए जाने का दिन पास आता है!

अब कब होगा आना सबका पूछना,

ये उदास सवाल भीतर तक बिखराता है!

घर के दरवाजे से निकलने तक,

बैग में कुछ न कुछ भरते जाता हूँ!

जिस घर की सिढ़ियां भी मुझे पहचानती थी,

घर के कमरो के चप्पे-चप्पे में बसता था मैं!

लाइट्स-फैन के स्विच भूल हाथ डगमगाता है,

आस पड़ोस जहाँ बच्चा - बच्चा था वाकिफ,

बड़े-बुजुर्ग बेटा कब आया पूछने चले आते है,

कब तक रहोगे पूछ अनजाने में वो

घाव एक और गहरा कर जाते है!

ट्रेन में माँ के हाँथो की बनी रोटियाँ,

आँसू भी डबडबाई आँखो में आकर डगमगाता है!

लौटते वक़्त वजनी हो गया बैग,

सीट के नीचे पड़ा खुद उदास हो जाता है!

तू एक मेहमान है अब ये पल-पल मुझे बताता है,

रविन्द्र कुमार यादव

मेरा घर मुझे वाकई बहुत याद आता है।
जय हिन्द!

18. बेटे और डोली

बेटे डोली में विदा नही होते ओर बात है मगर,
उनके नाम का ज्वाइनिंग लेटर
आँगन छोड़ने का पैगाम लाता है!
घर से जाने की तारीख के नज़दीक आते आते,
मन बेटे का चुपचाप रोता है,
अपने कमरे की दिवारें देख-देख,
घर पे बिताई आखिरी रात को नहीं सोता है!
होश सँभालते- सँभालते, घर की जिम्मेदारियां
सम्हालने लगता है!
बिदाई की सोच में बैचेनियों का समुंदर हिलोरता है,
गलियाँ, घर, शहर, छूटने का दर्द समेटे,
सूटकेस में किताबें और कपड़े सहेजता है!
जिस आँगन में पला-बढ़ा,
आज उसके छूटने
पर दिल उसका भी दहलता है!
अपनी बाइक, बैट, साईकल,
कमरे के अजीज पोस्टर छोड़,
आँसू छिपाता मुस्कुराता घर से नौकरी के
लिए निकलता है!
अब नही सजती दोस्तो की गुलज़ार महफ़िल,
ना कोई बाइक का तेज़ होर्न बजाता है।

वीरान कर गया घर का कोना - कोना,
जाते हुए बेटी सा सीने से लग के नहीं रो पता है!

रविन्द्र कुमार यादव

ट्रेन के दरवाजे में पनीली आँखो से मुस्कुराता है,
दोस्तों की टोली को हाथ हिलाता
अलगाव का दर्द छुपता,
खुद बोझिल सा लगता है!
बेटे डोली में विदा नही होते ये ओर बात है,
फिक्र करता माँ की मगर बताना नही आता है,
कर देता है आन लाइन घर के काम
दूसरे शहरों से और जताना नहीं आता है!
बड़ी से बड़ी मुश्किल छिपाना आता है,
माँ से फोन पर,
पिता की खबर पुछते और पिता से
कुछ पूछना सूझ नहीं पाता है!
लापरवाह, बेतरतीब से लगते हैं बेटे लेकिन,
मजबूरियों में बंधे दूर रहकर
भी जिम्मेदारियाँ निभाना आता है!
पहुँच कर अजनबी शहर में जरूरतों के पीछे,
खुवाईश खुद की पीछे छोड़ आता है,
ना चाहते हुए भी बेटा अपना घर और माँ-बाप
को अकेला छोड़ आता है!
ये बात ओर है बेटे डोली में विदा नही होते!
जय हिन्द!

19. अमर शहीद

माँ ने अपना लाल दिया, बाँप ने अपना गुमान दिया,
देश कि खातिर उन्होने अपना आज दिया!
तुम्हे शायद कोई अंदाजा नही, इस आजादी
की खातिर हमने क्या खोया उसका कोई एहसास नहीं!
मत भूलो इस देश कि आज़ादी और सुरक्षा की
खातिर शहीदों की अरथिया निकली है!
बच्चे - बुढो के जीवन सुमसान और
ओरतो के जीवन वीरान बीते है!
जीवन की जरूरतों ओर दो वक्त की रोटी के
खातिर उनके परिवार भूख-प्यास से रोजाना लड़े है!
वो जिन्दा है अमर शहिद हमारी यादों में,
हम उनकी शहादत को बरबाद नही करेंगे,
हम अपने हिंदुस्तान से कोई दगा नहीं करेंगे,
हम शहीदो का और तिरंगे का मान करेंगे,
सम्मान करेंगे अभिमान करेंगे!
जय हिन्द!

20. गगन के सीतारो ना दो साथ मेरा

गगन के सीतारो ना दो साथ मेरा, अकेला चला हूँ अकेला चलूँगा,
ना ही मुस्किलो से डरा हूँ ना ही डरूंगा,
गगन के सीतारो ना दो साथ मेरा मैं अकेला ही लड़ुंगा!
गगन के सीतारो ना दो साथ मेरा,
कुछ वक्त के लिए साथ छोड़ दो जरा मेरा!
ये मेरी खुद की खुद से लड़ाई है,
इसके लिए स्वयं भगवान ने मुझे है चुना,
गगन के सीतारो ना दो साथ मेरा!
गगन के सीतारो ना दो साथ मेरा,
चुनौतियो से अब भय नहीं मुझे जरा,
अँधेरा भी डरेगा प्रकाश से अब मेरा,
गगन के सीतारो ना दो साथ मेरा,
कुछ वक्त के लिए साथ छोड़ दो जरा मेरा!
जय हिन्द!

21. भारतीय सैनिक

किसी गजरे की खुशबु को महकता छोड़ कर आया हूं,
मेरी नन्ही सी चिड़िया को चहकता छोड़ कर आया हूं,
मुझे छाती से अपनी तू लगा लेना भारत मां,
मैं अपनी मां की बाहों को तरसता छोड़ कर आया हूं!
ओर यदि लोट कर आऊ,
माँ बाप यहीं फिर से एक बार पाऊ,
इसी धरती मां की सेवा करने को मैं
दुनिया में बार-बार आऊ!

तिरंगे के कफन में यदि मैं घर वापस आऊ,
तो मैं सम्मान शहिद का पाऊ!
मैं फिर से जन्म लेकर उसी माँ का आँचल पाऊ!
जय हिन्द!

22. CA बनना आसान नहीं

मैं एक मामूली सा CA हूँ, बेशक कोई भगवान नहीं,
CA का CA होना मगर इतना 'मी आसान नही!
इस दर्जे की खातिर मैंने बचपन अपना खोया है,
मैं वो हूं जो स्कूल में ना कभी सोया है!
जाने कब होली बीती, जाने कब दिवाली गई,
जाने कितने रक्षाबंधन, मेरी कलाई खाली गई!
फिर 'मी तुम्हें हर वकत जो खुश दिखे परेशान नहीं,
उस CA का CA होना इतना भी आसान नही!
मैंने क्रिकेट् का बैट छोड़ा, टीवी का रिमोट छोड़ा,
इस दर्जे की खातिर मैंने जिंदगी की खुशियों को छोड़ा!
मेरा कोई रविवार नही, छुट्टी की गुजारिश नही,
सर्दी का कोहरा या पहली वाली बारिश नहीं!
अपने उपर गर्व है मुझे, लेकिन कोई गुमान नही,
CA का CA होना इतना भी आसान नही!
जाने कितने लोग हमने सरकार से बचा दिए,
जाने कितने लोगो के टैक्स हमने बचा दिए!
लेकिन फिर भी किसी पे कोई हमारा एहसान नहीं,
CA का CA होना इतना भी आसान नही!
जय हिन्द!

23. जख्मी सैनिक

युद्ध में जख्मी सैनिक साथी से क्या कहता है ?
वो कहता है.............
साथी घर जाकर मत कहना, संकेतो में बतला देना,
यदि हाल मेरी माता पूछे तो जलता दीप बुझा देना,
इतने पर भी न समझे तो, दो आंसू तुम छलका देना!
यदि हाल मेरी बहना पूछे तो, सूनी कलाई दिखला देना!
इतने पर पर भी न समझे तो, राखी तोड़ दिखा देना!
यदि हाल मेरी पत्नी पूछे तो, मस्तक तुम झुका लेना,
इतने पर भी न समझे तो, मांग का सिन्दूर मिटा देना!
यदि हाल मेरे पापा पूछे तो, हाथो को सहला देना,
इतने पर मी न समझे तो लाठी तोड़ दिखा देना!
यदि हाल मेरा बेटा पूछे तो, सर उसका सहला देना,
इतने पर भी न समझे तो, सीने से उसको लगा लेना!
यदि हाल मेरा दोस्त पुछे तो, कांधा उसका सहला देना,
इतने पर भी न समझे तो, उसके फोन से नाम मेरा डिलीट करवा
देना!
यदि हाल मेरा भाई पूछे तो, खाली राह दिखा देना,
इतने पर भी ना समझे तो, सैनिक धर्म बता देना!
जय हिन्द!